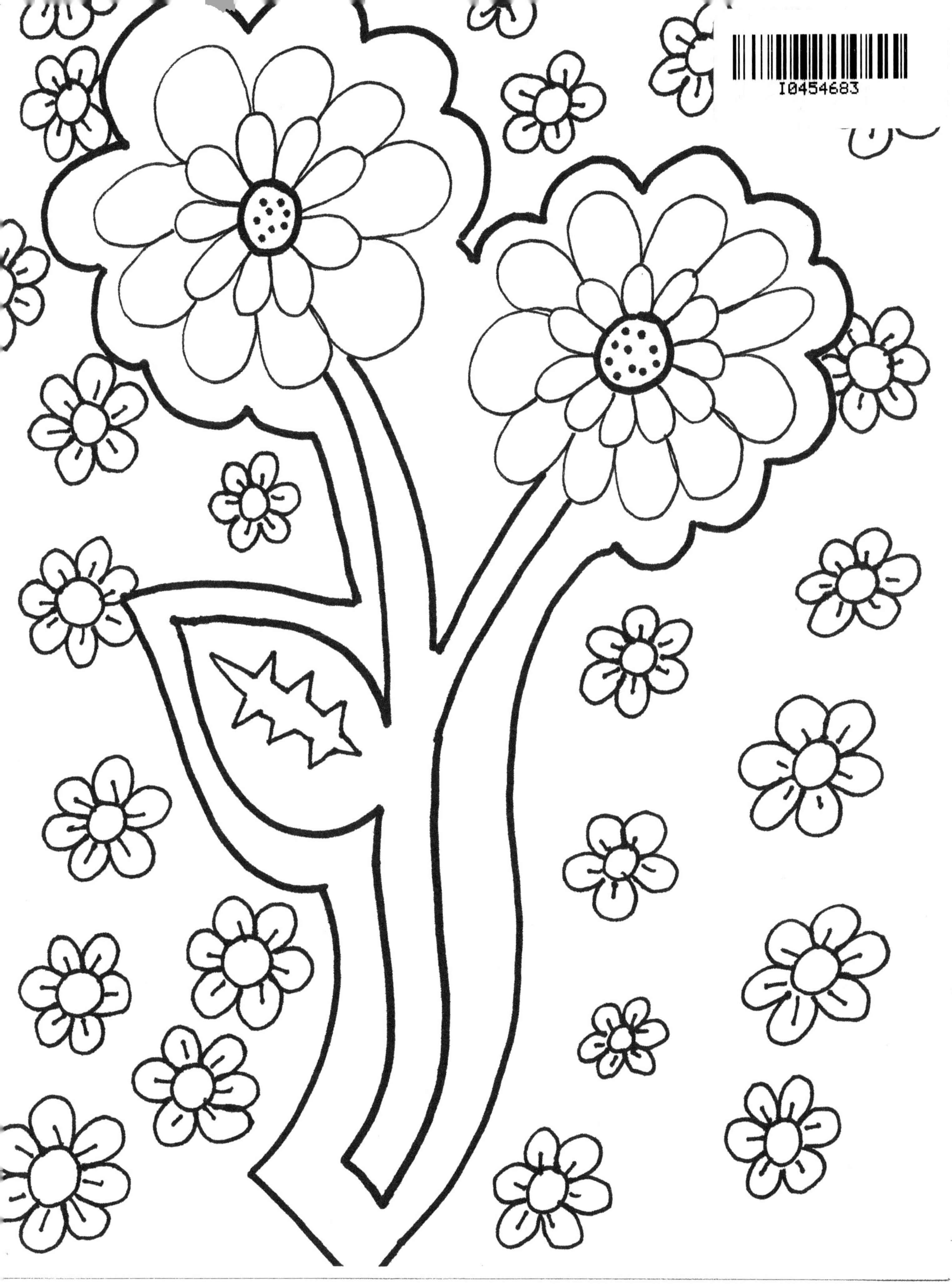

I0454683

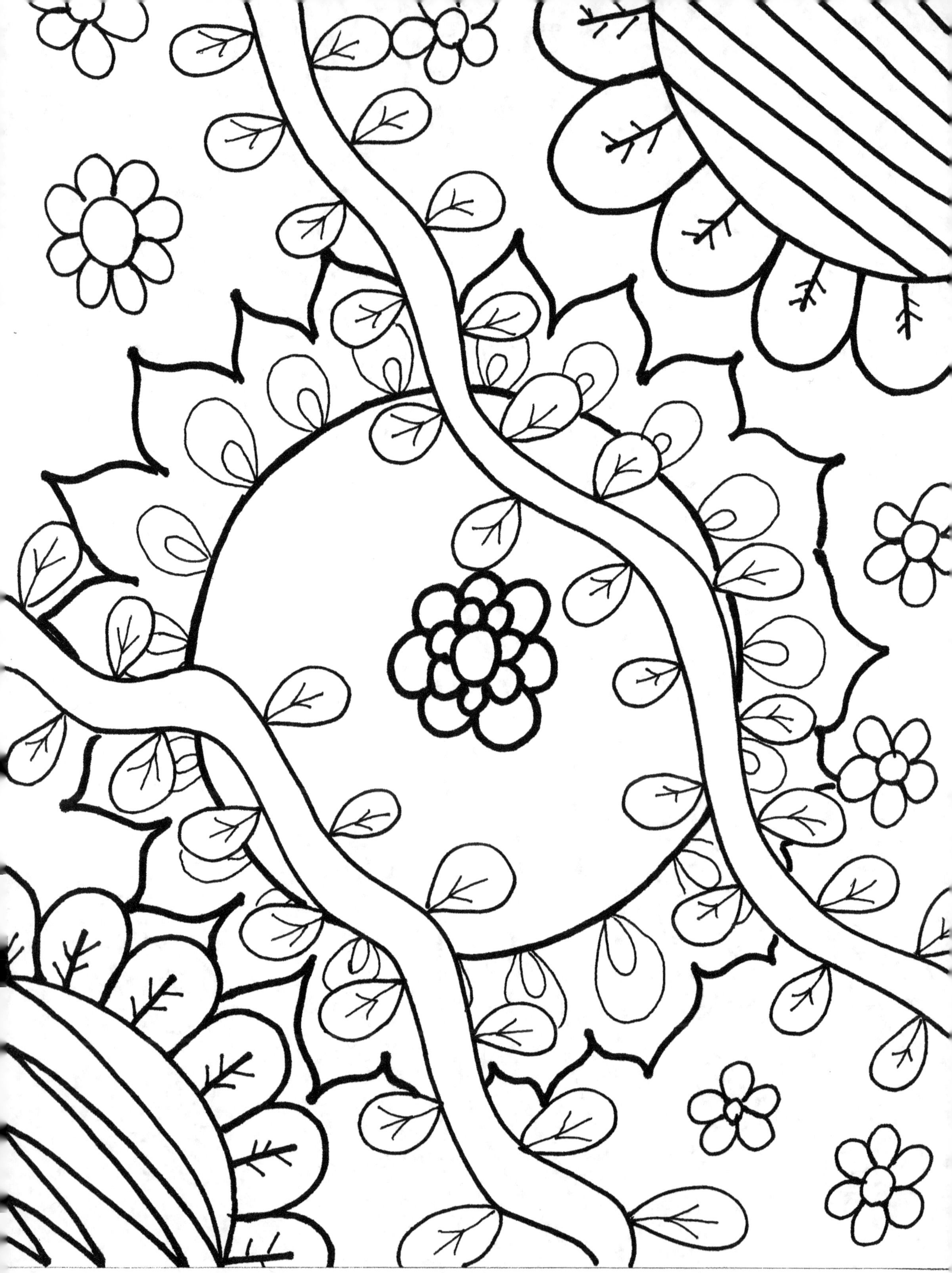

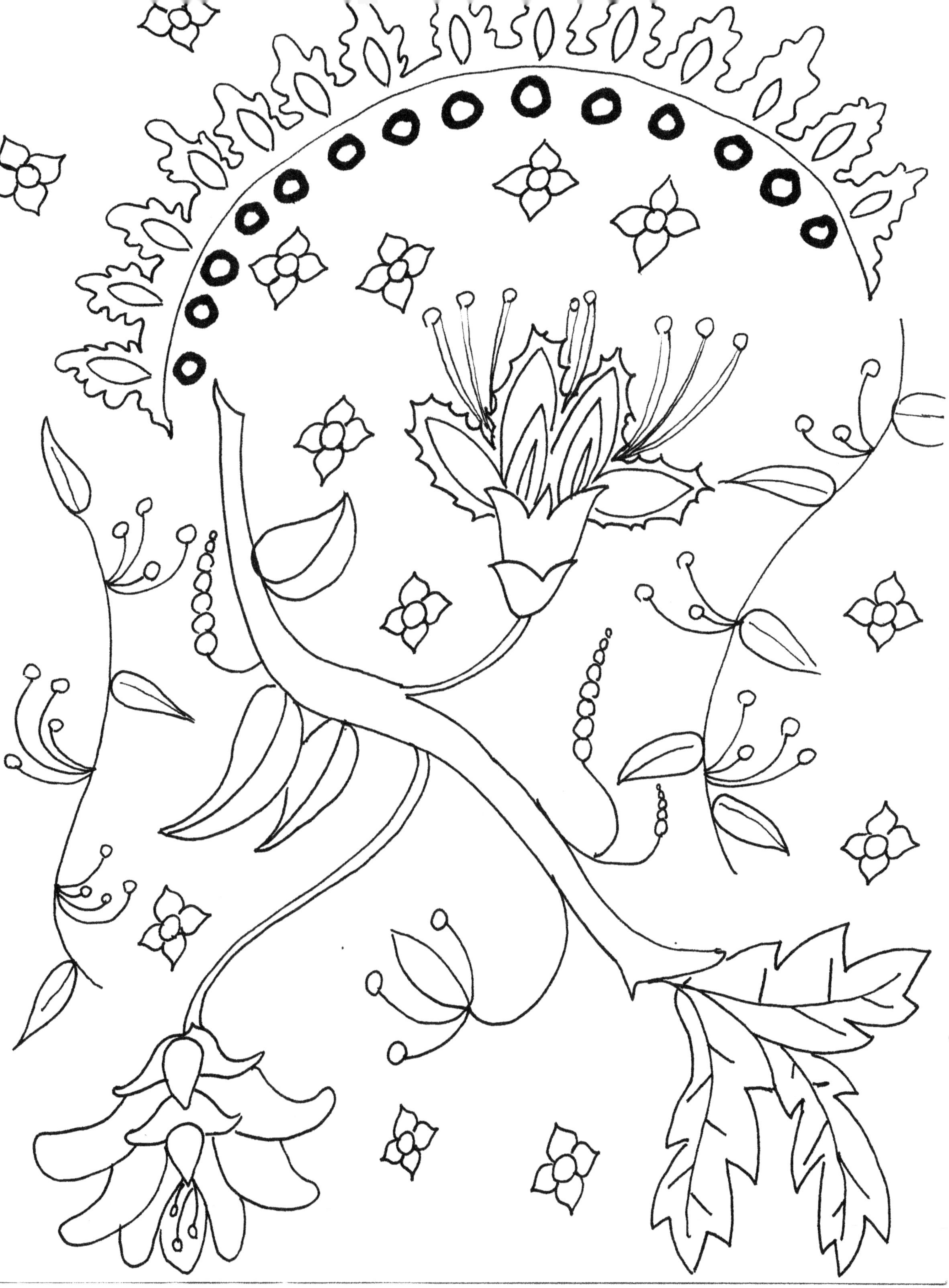

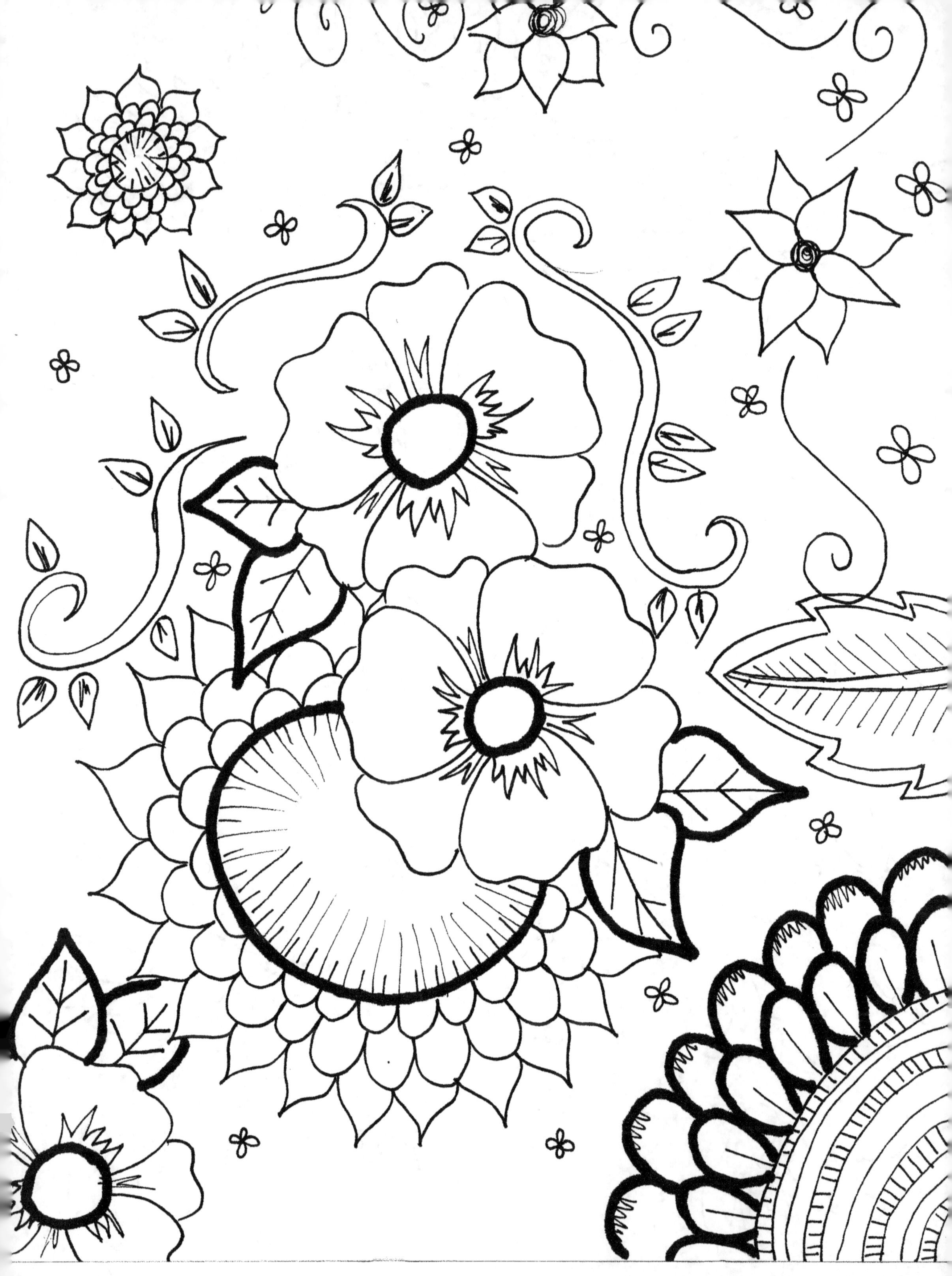

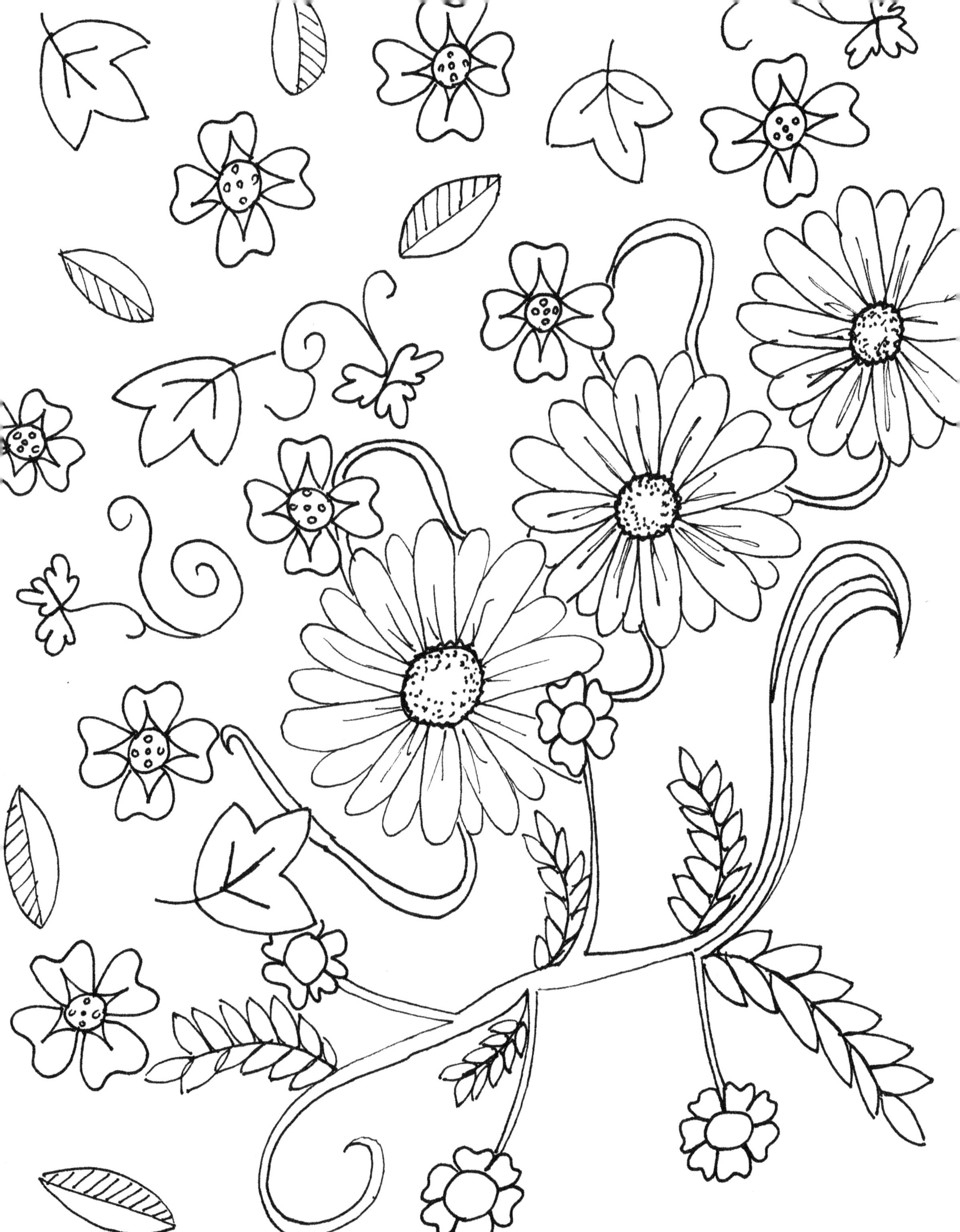

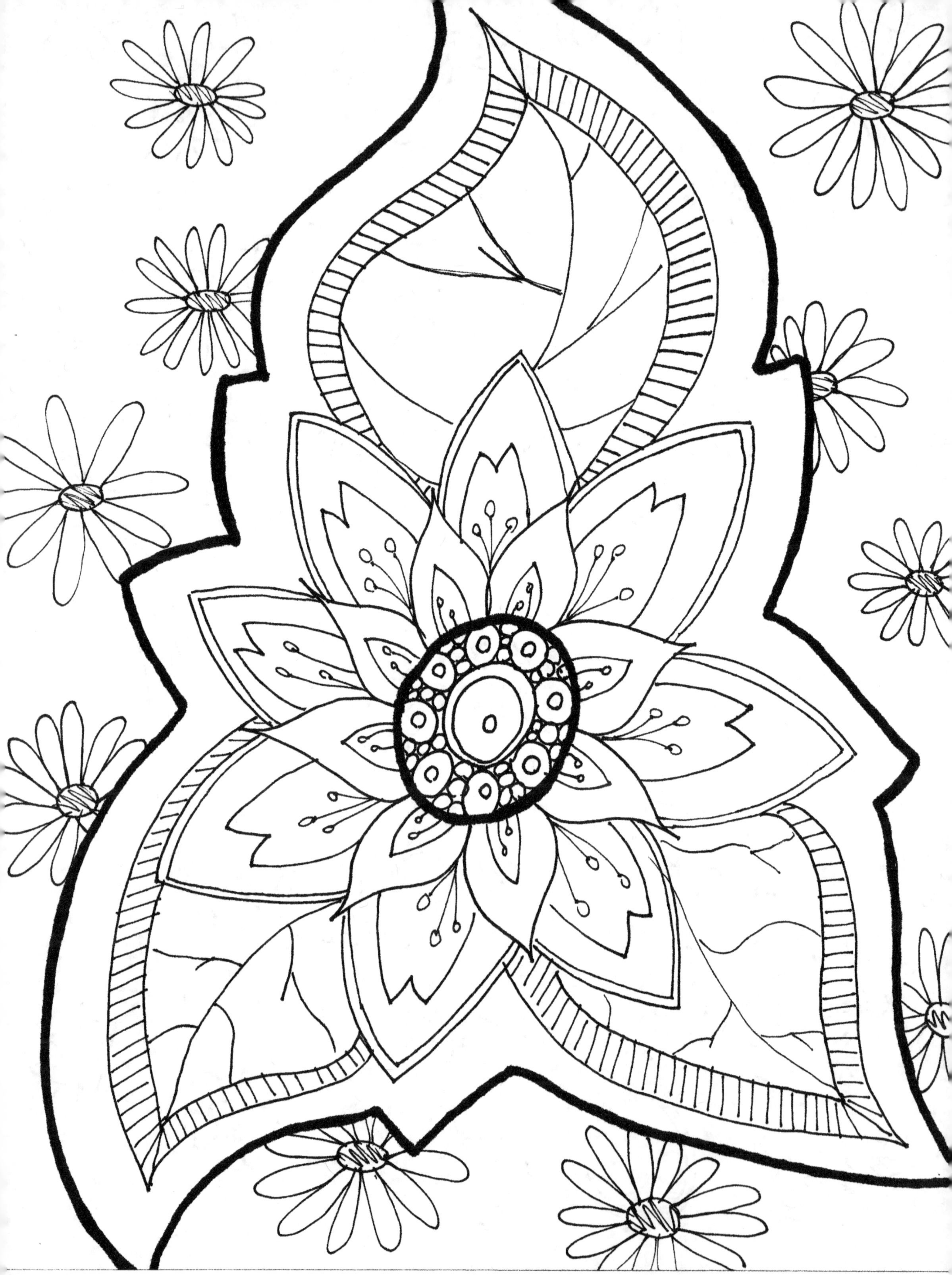

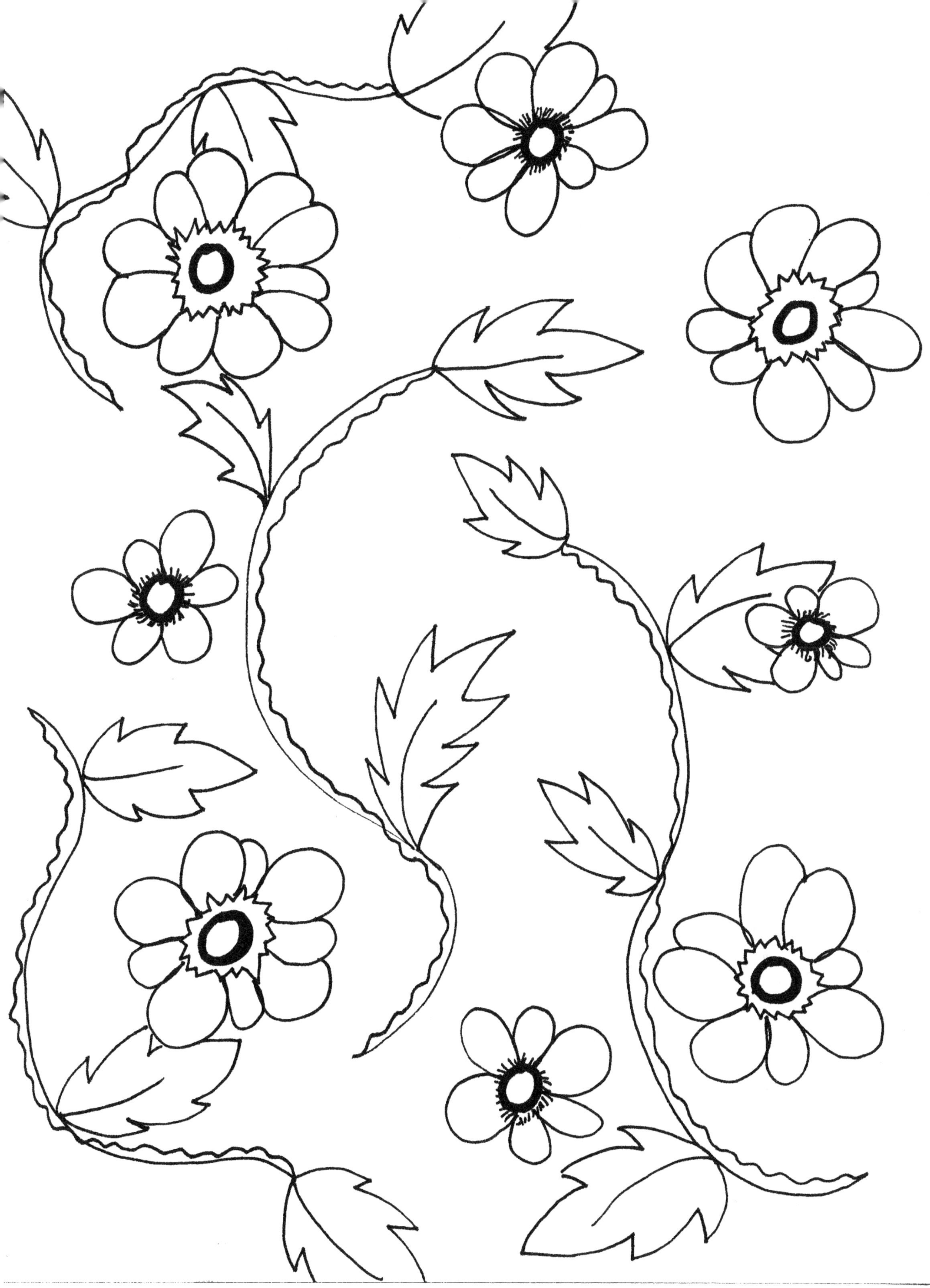

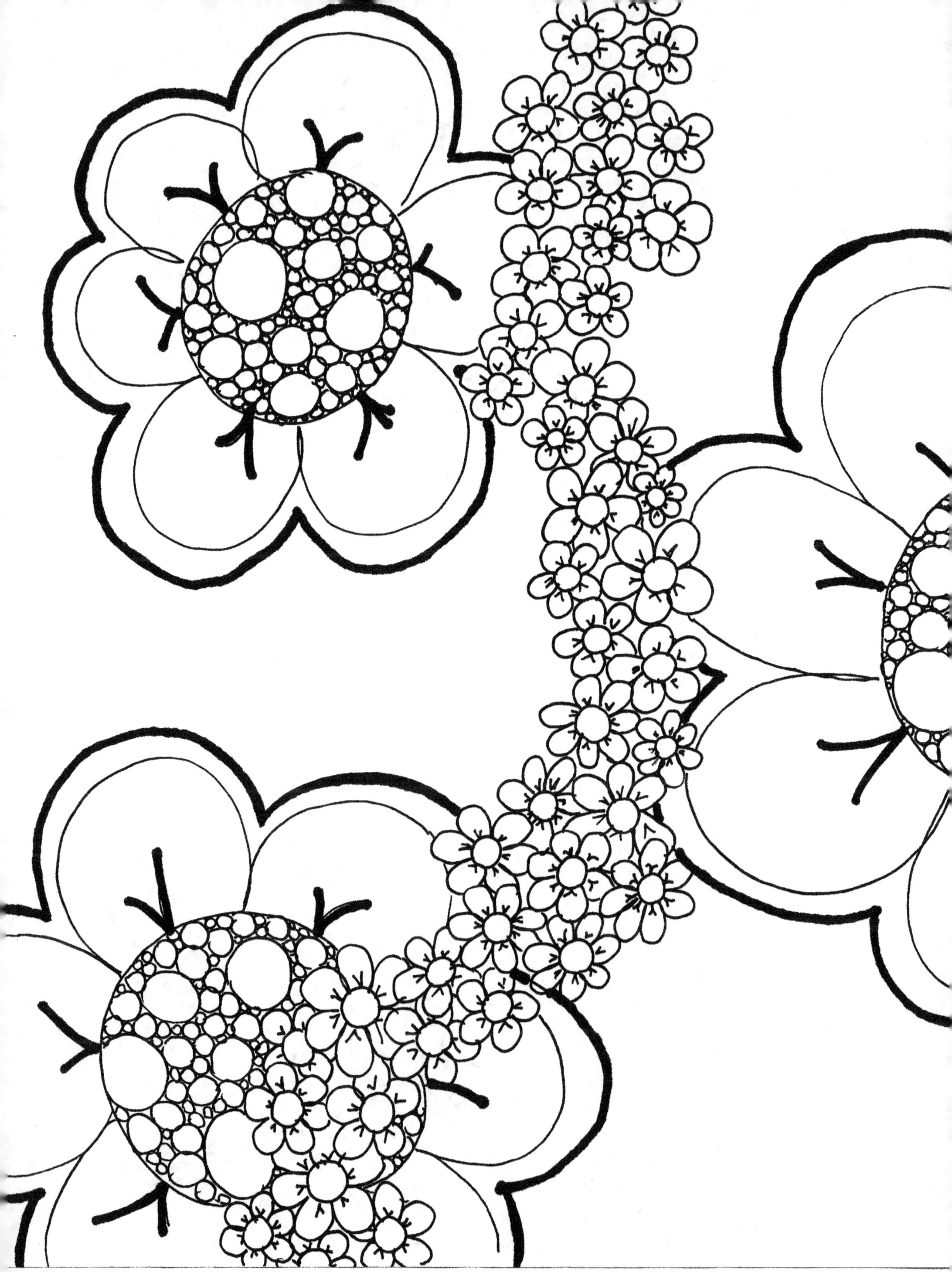

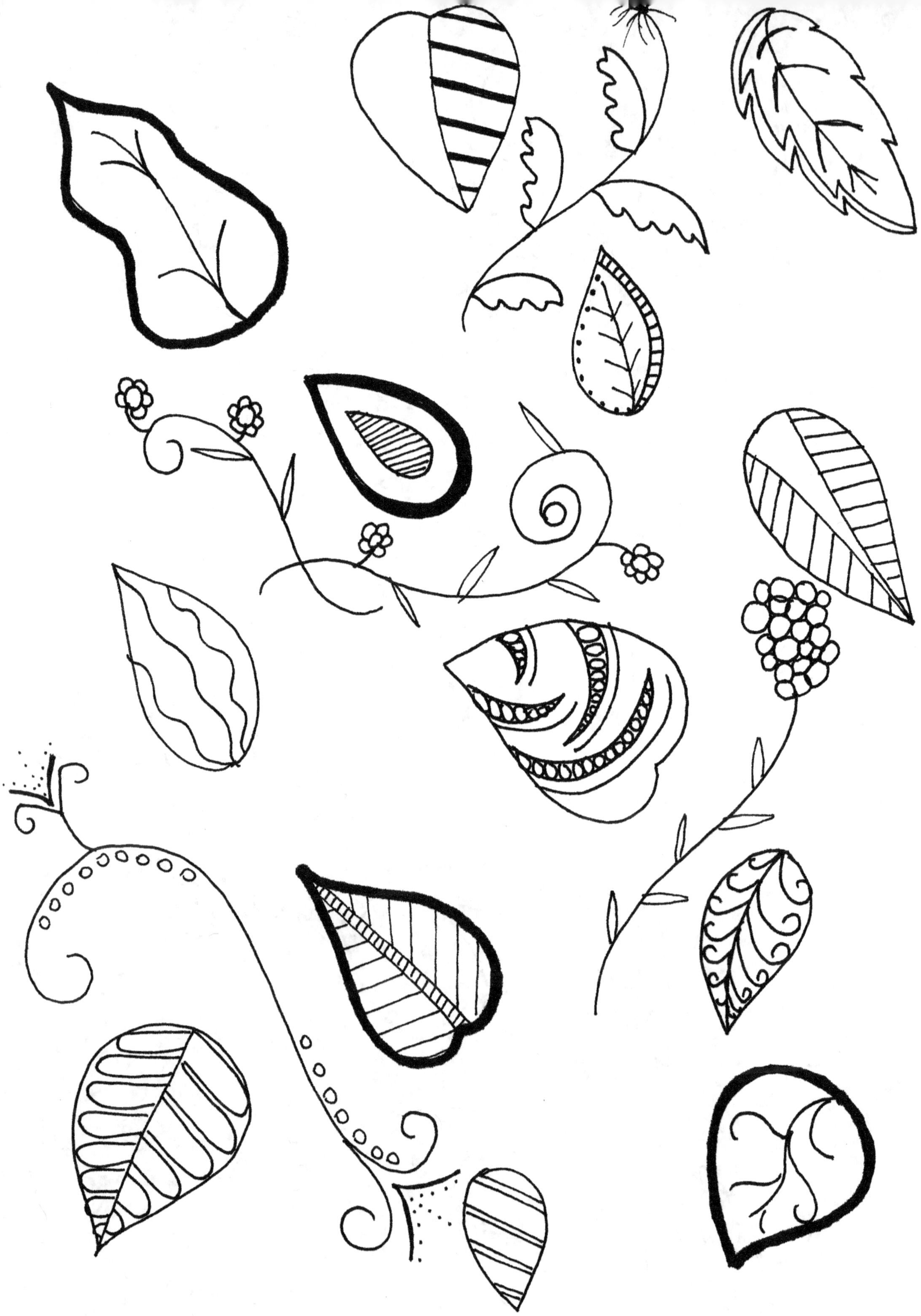

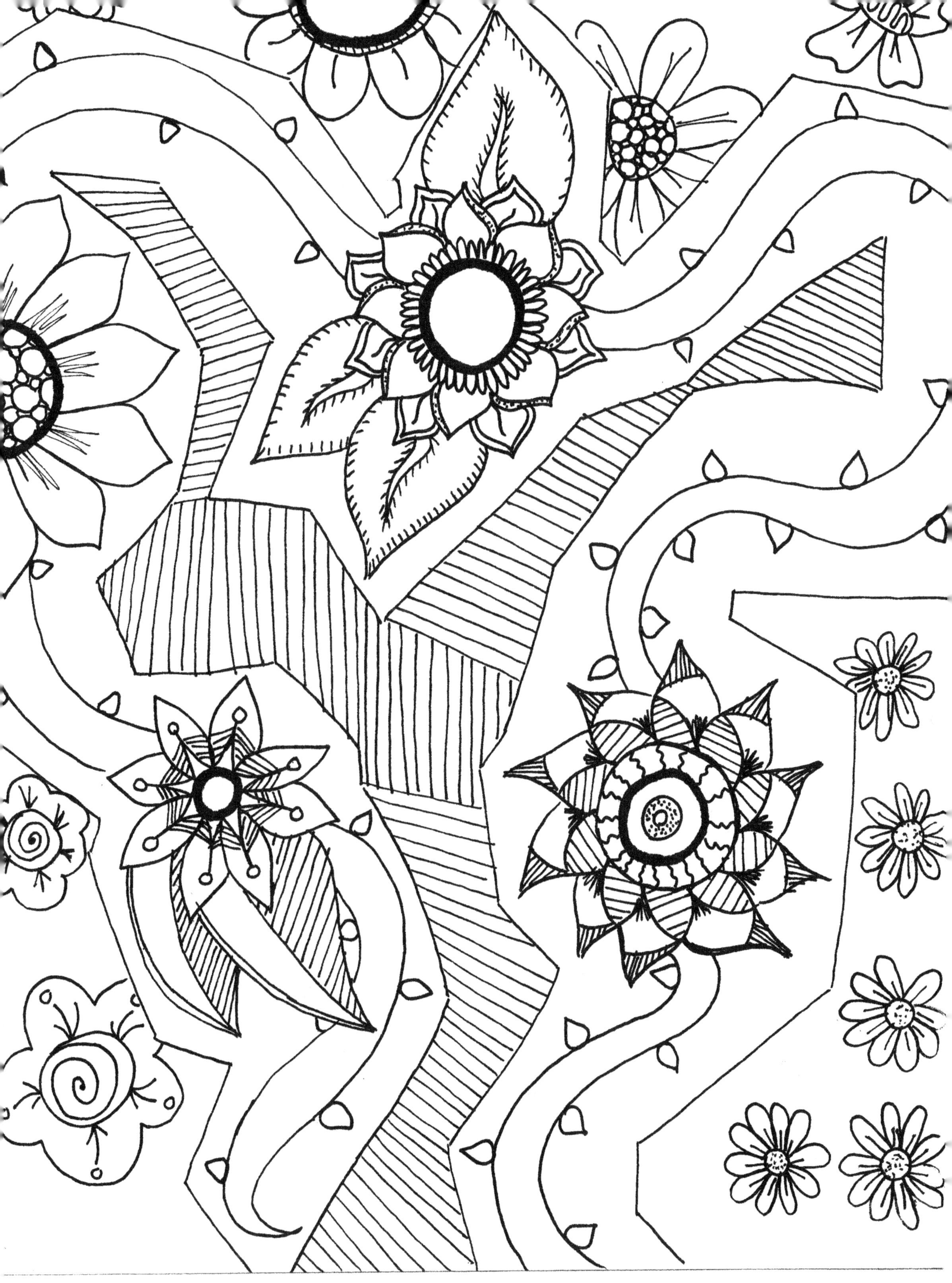

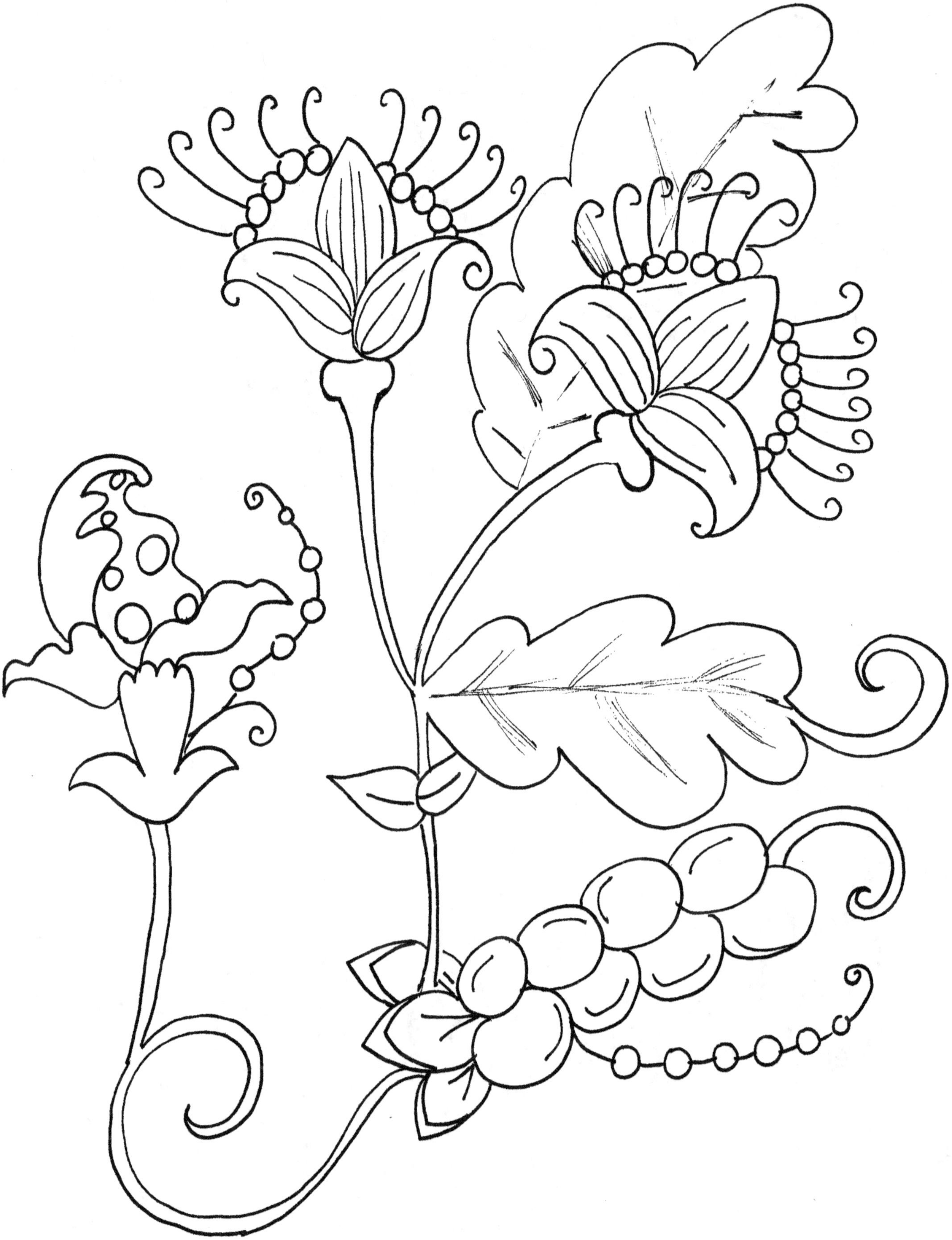

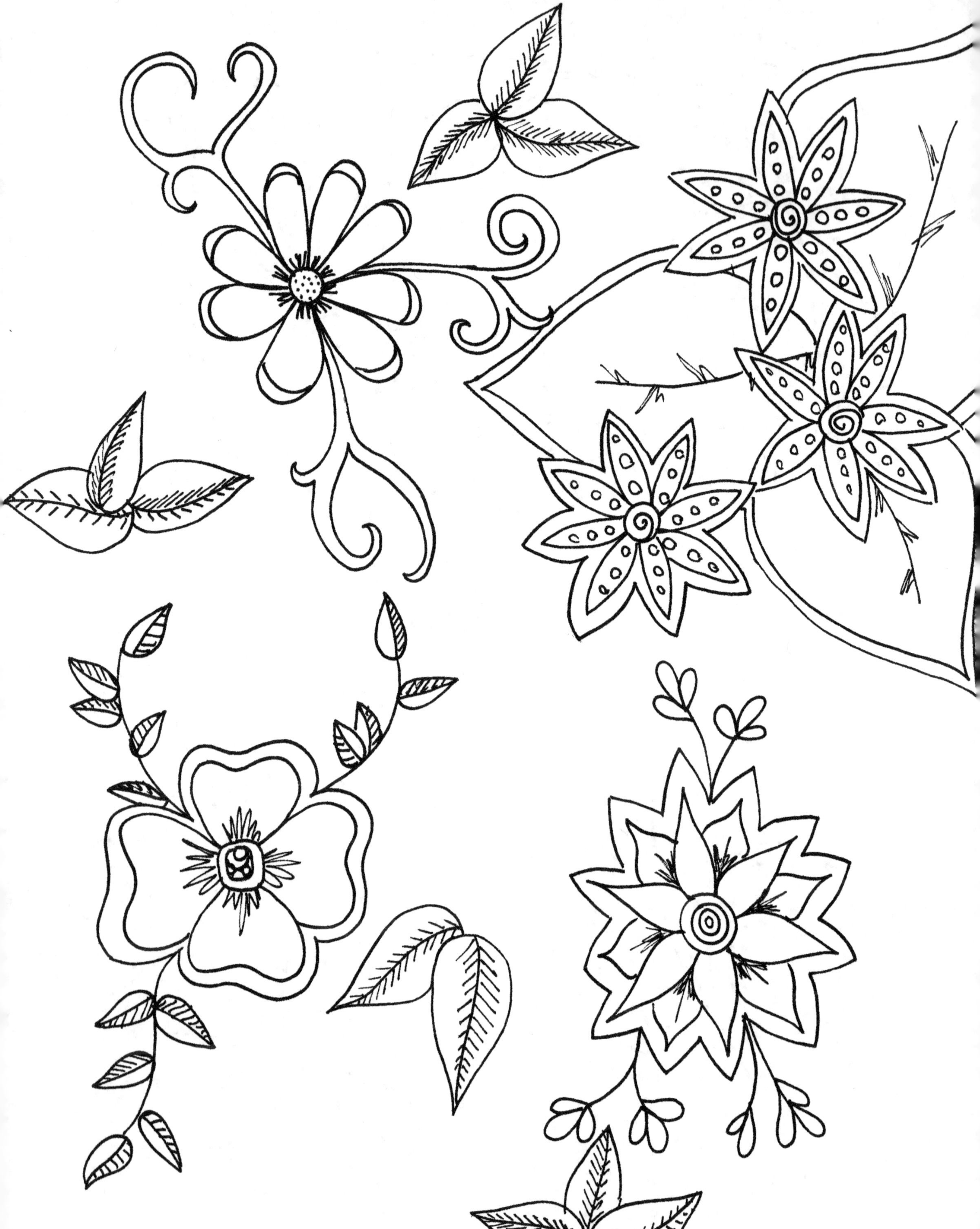

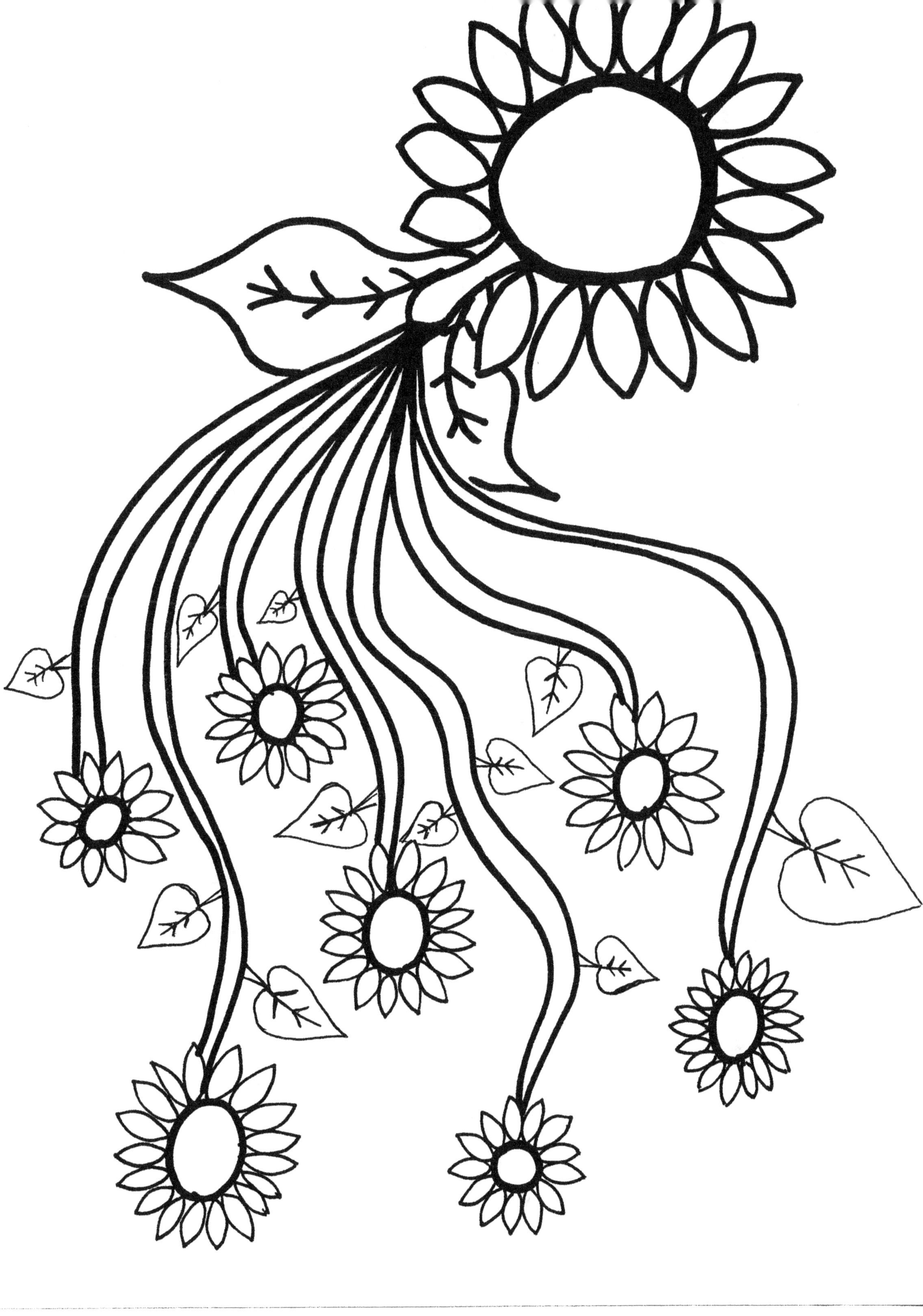

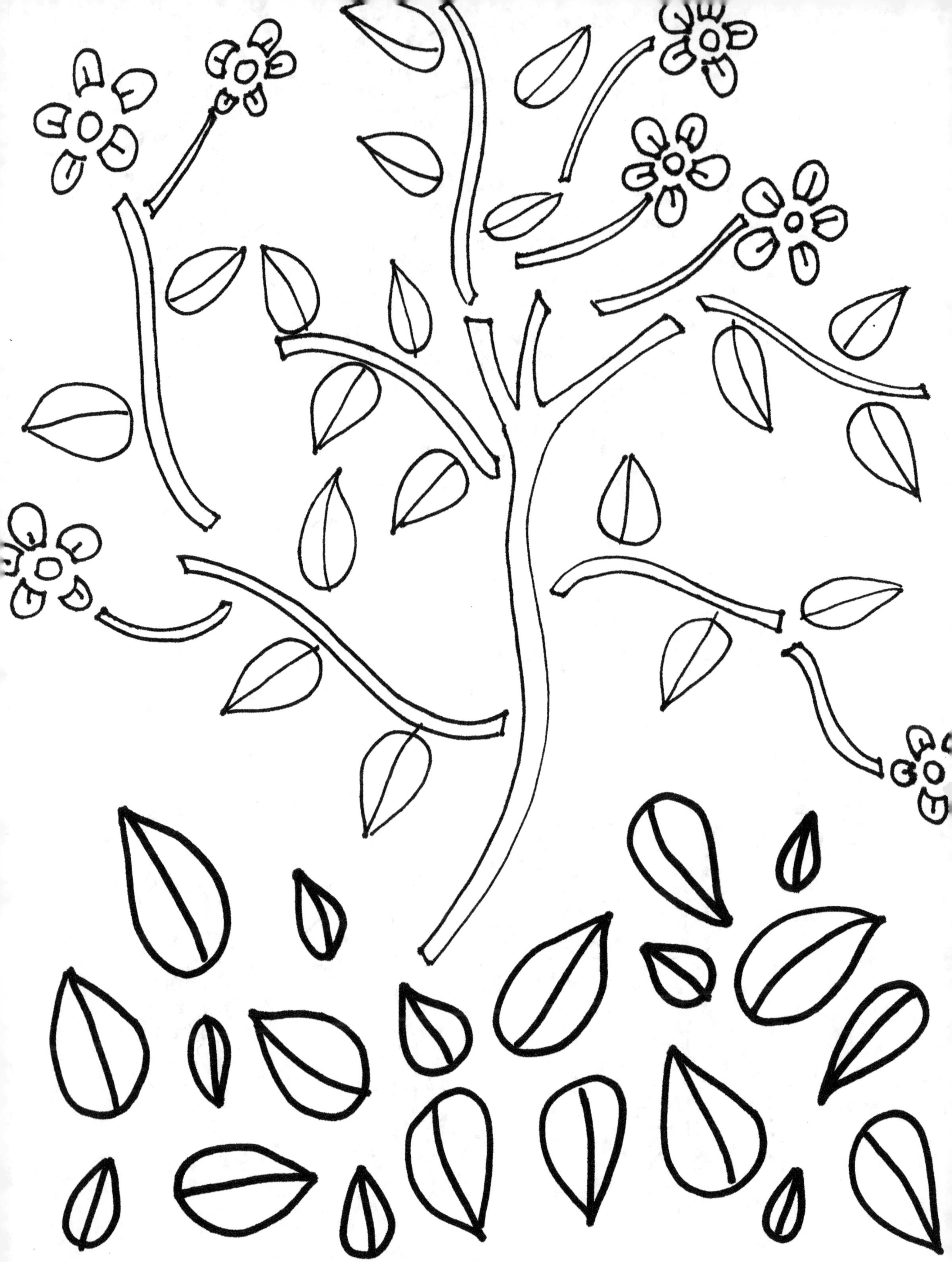

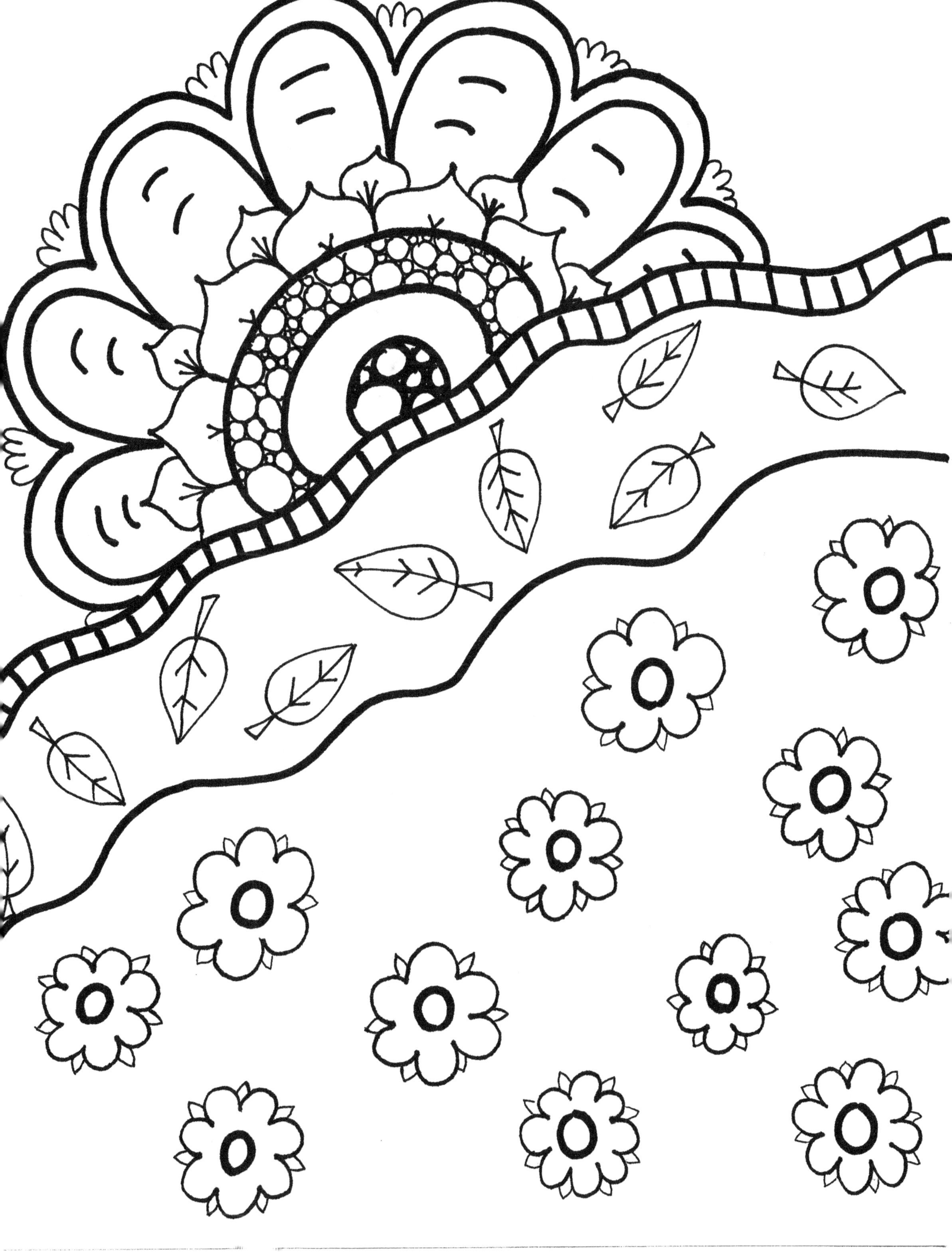

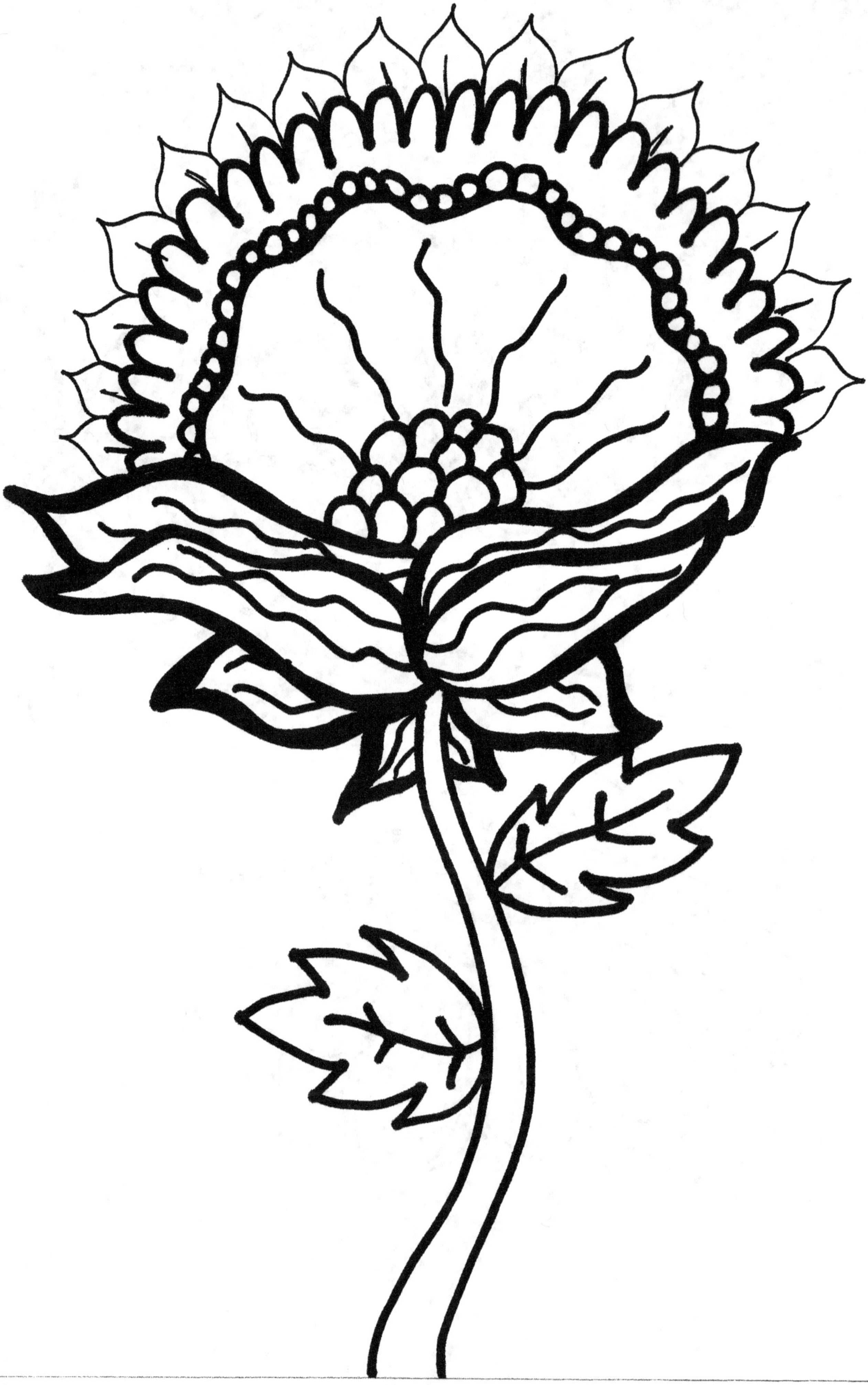

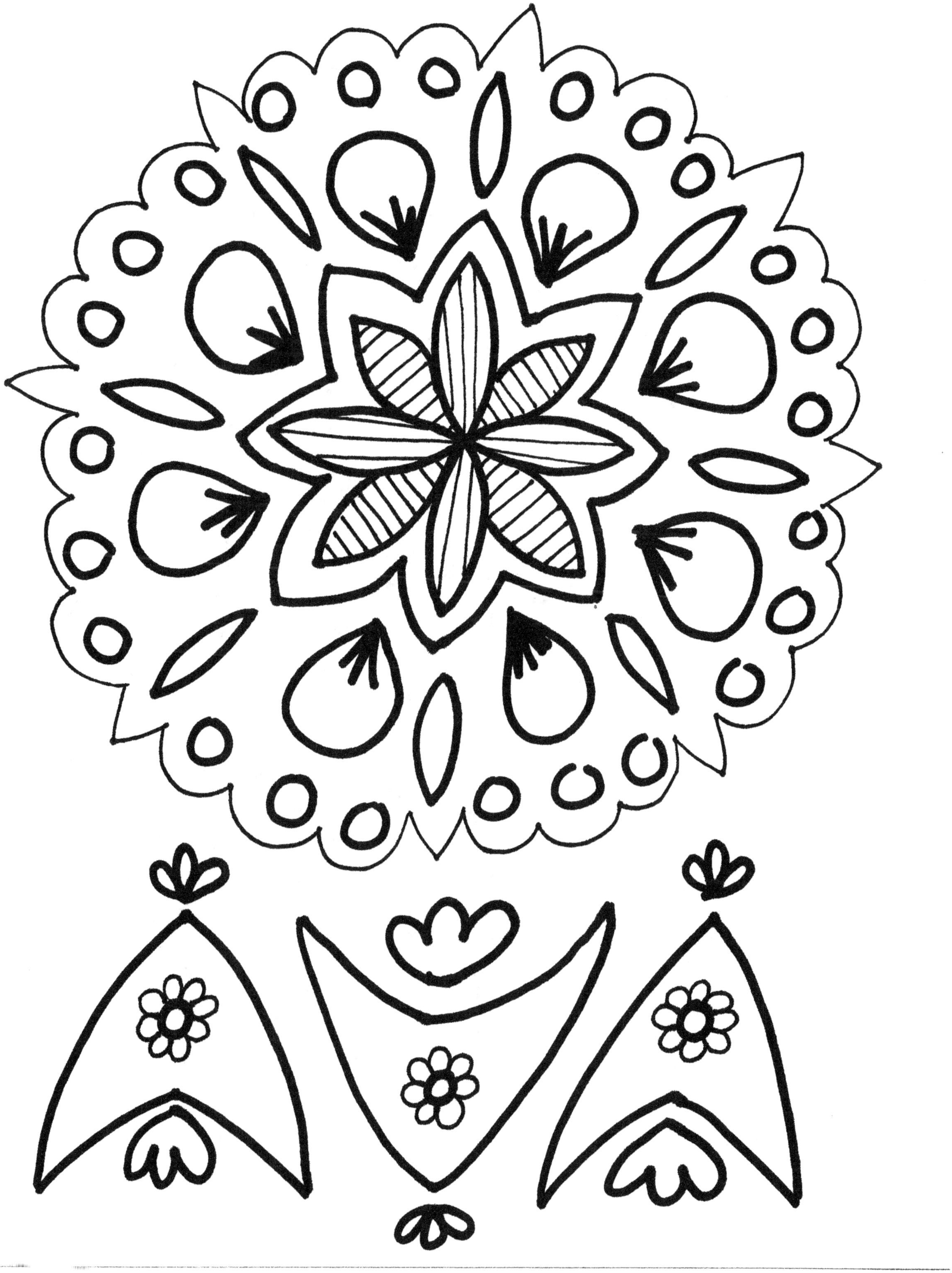

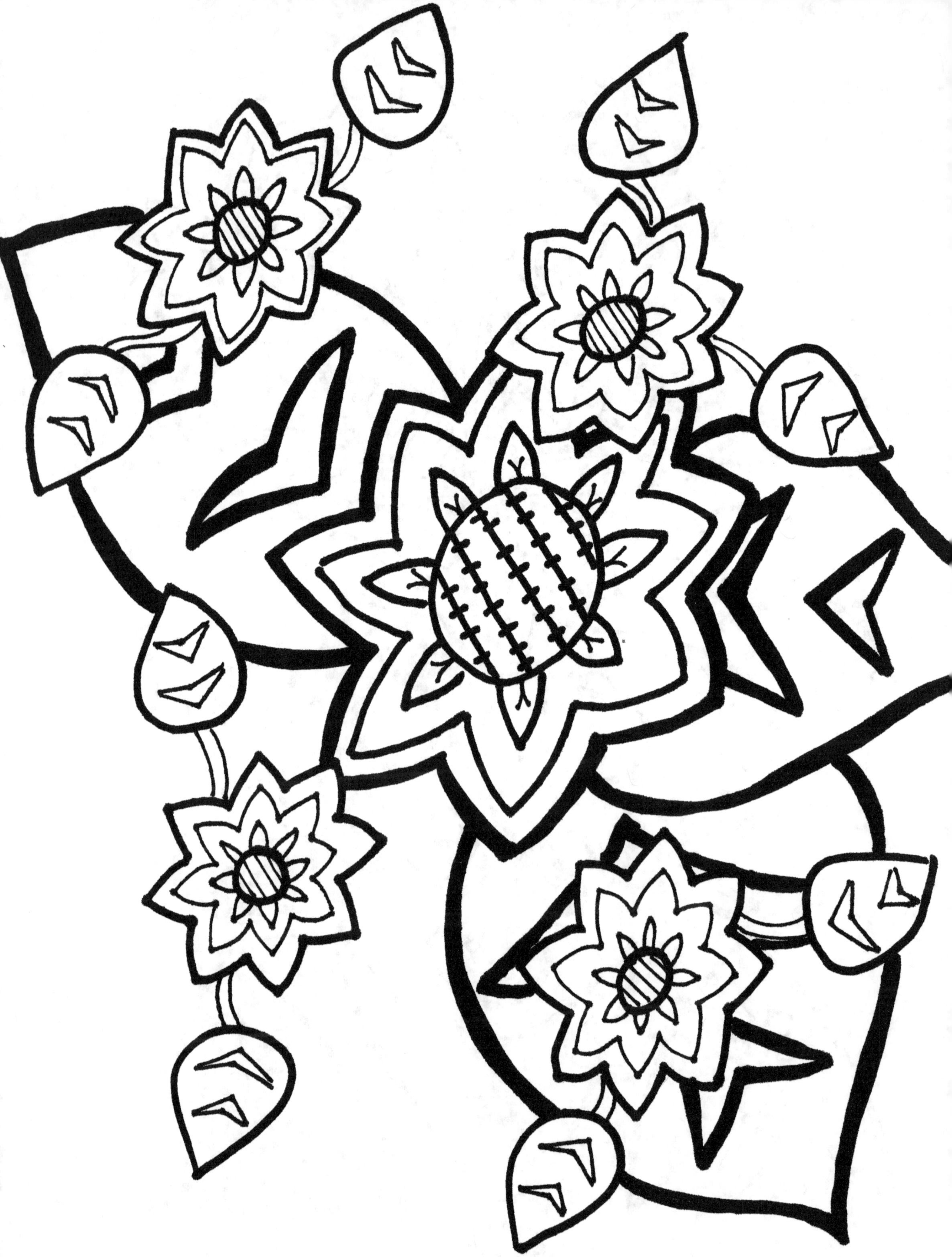

www.ingramcontent.com/pod-product-compliance
Lightning Source LLC
Chambersburg PA
CBHW051953280526
45789CB00009B/3269
*9781541367678*